MANDALA

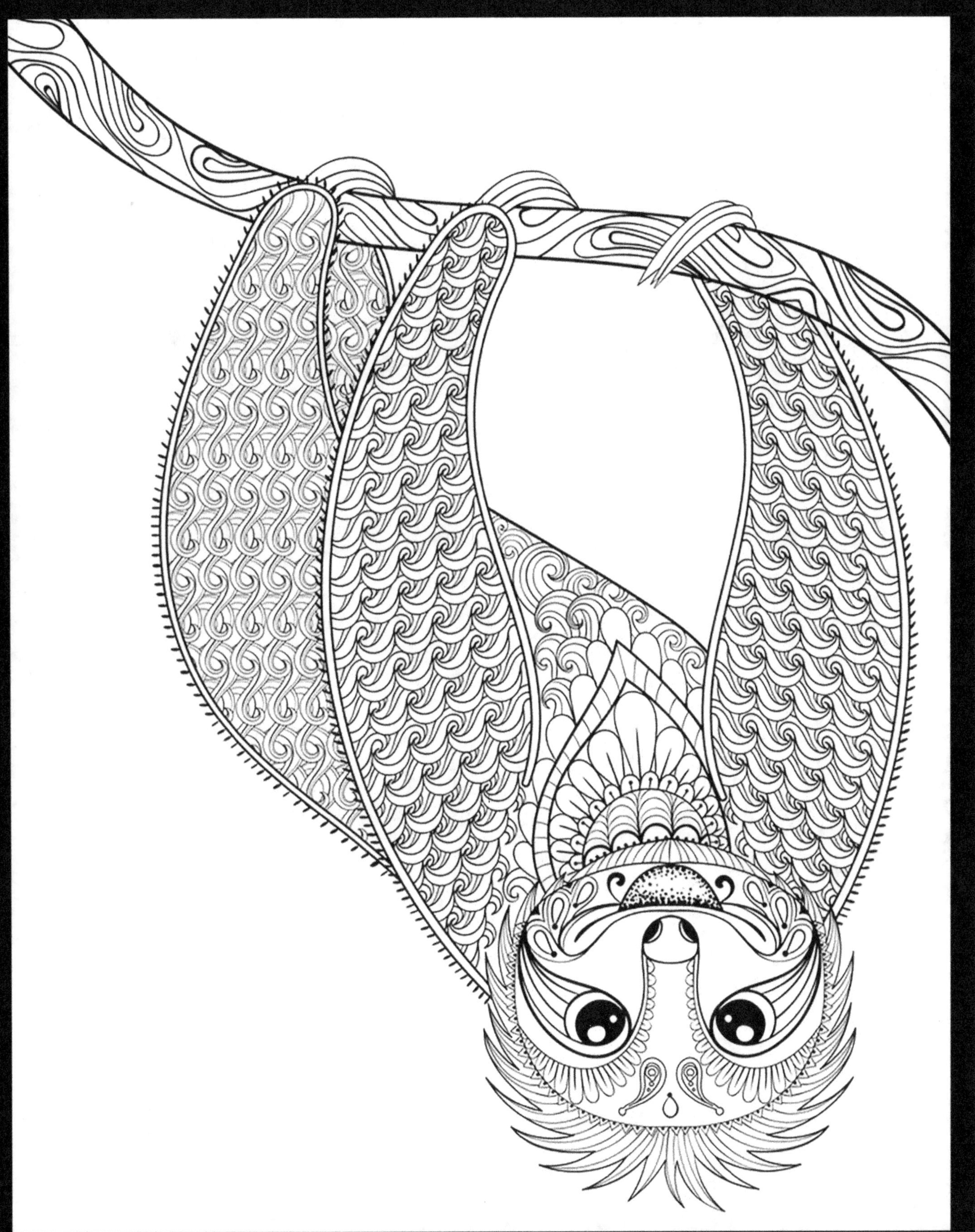

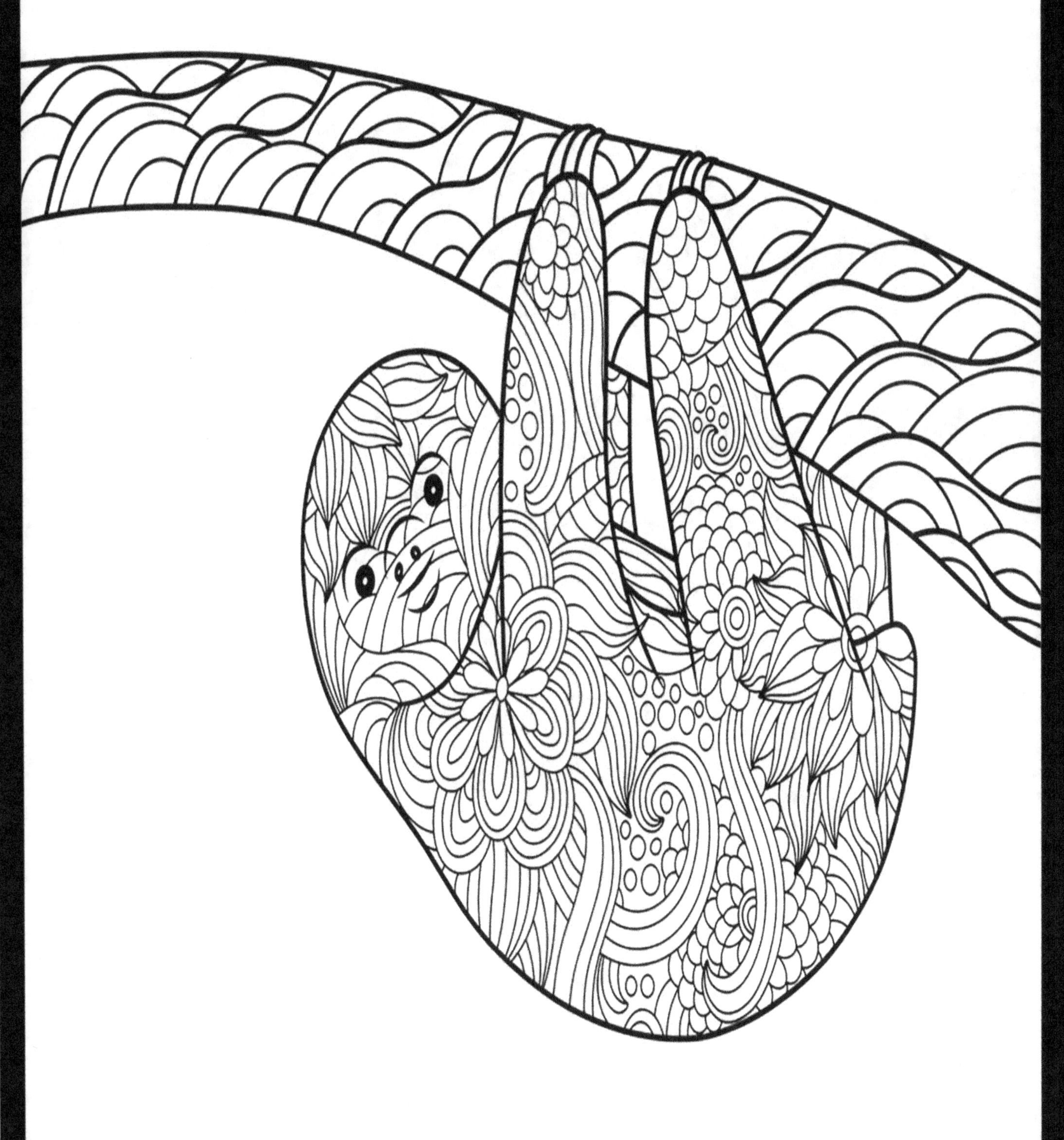

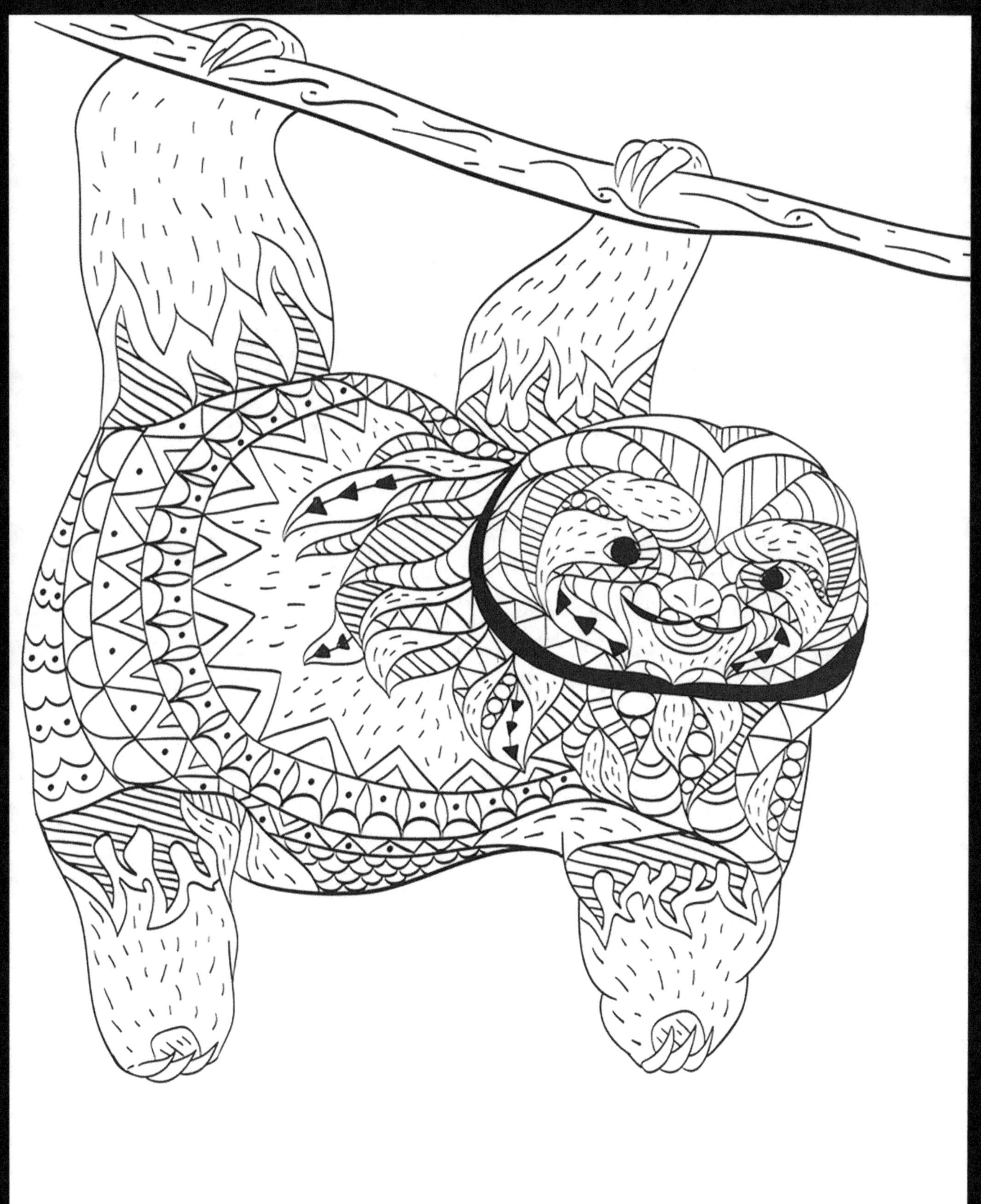

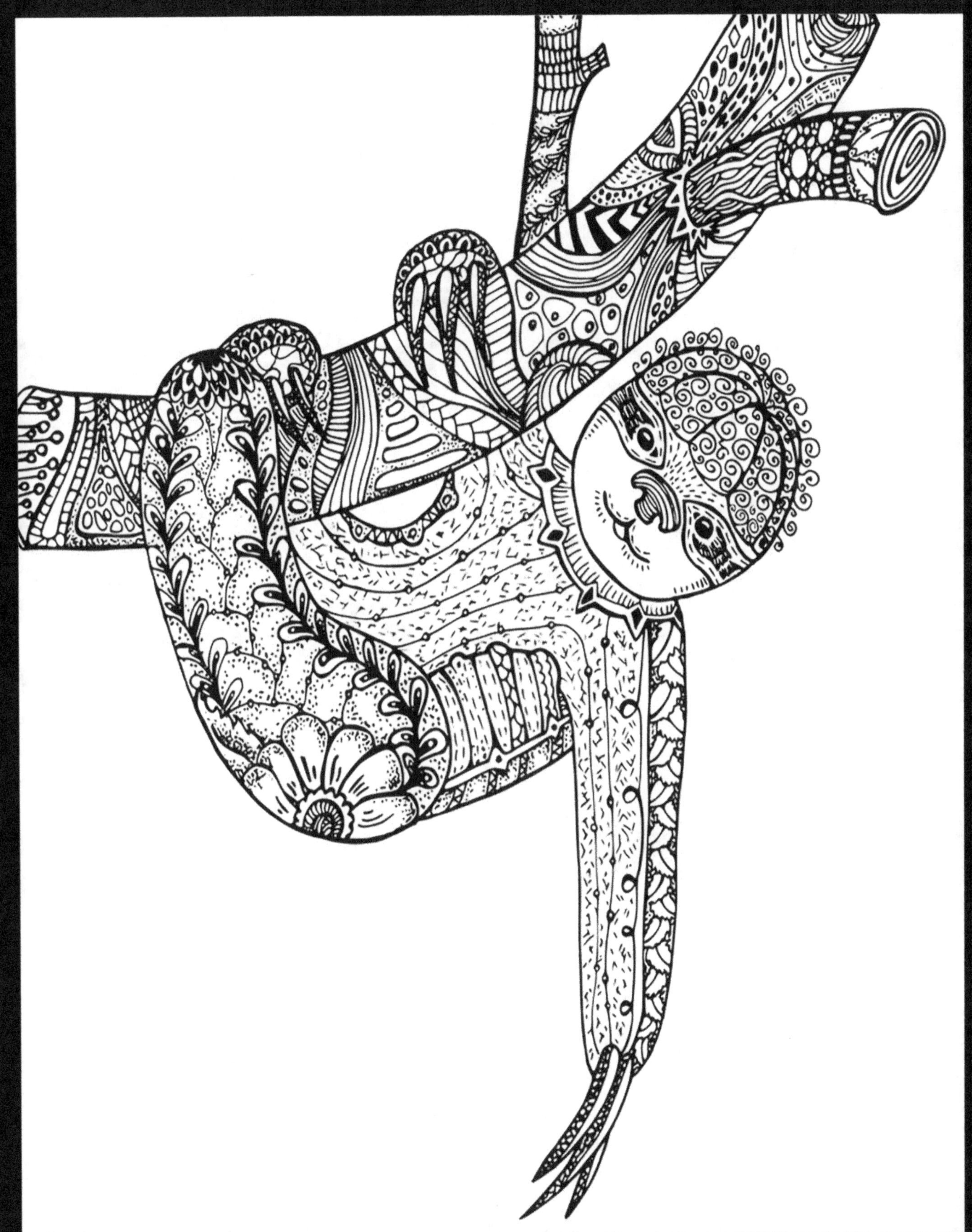

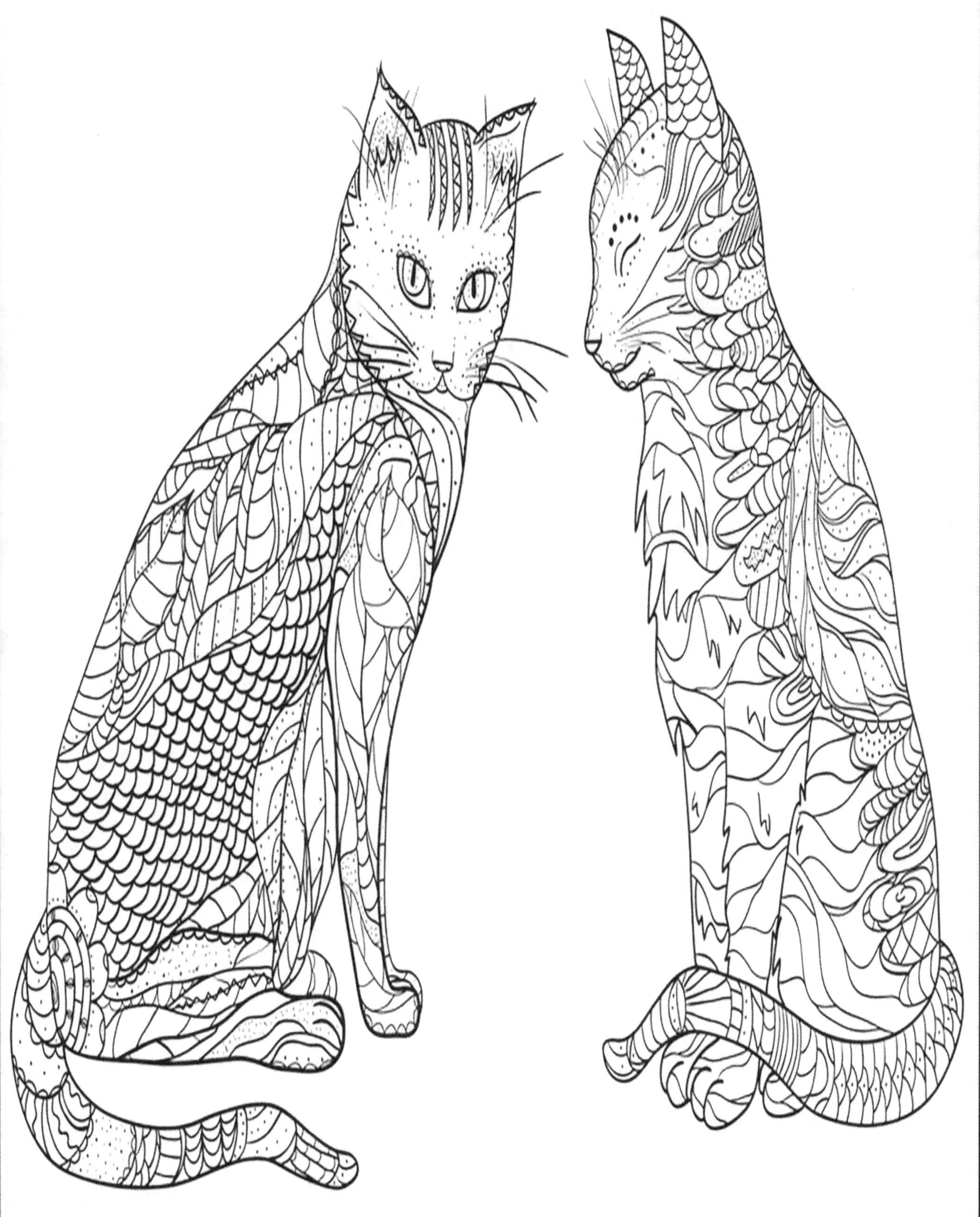

Be
relaxed
as a cat

Be
relaxed
as a cat

Be
relaxed
as a cat